Impressum
Verlag: BABADADA GmbH, Nedderfeld 112 , 22529 Hamburg
Geschäftsführer / Verlagsleitung: Harald Hof
Druck: Books on Demand GmbH, In de Tarpen 42, 22848 Norderstedt

Imprint
Publisher: BABADADA GmbH, Nedderfeld 112 , 22529 Hamburg, Germany
Managing Director / Publishing direction: Harald Hof
Print: Books on Demand GmbH, In de Tarpen 42, 22848 Norderstedt

classroom
s Klassezimmer

divide
dividiere

186/2

board
d Taflä

school yard
dr Pauseplatz

teacher
dr Lehrer

paper
s Papier

write
schribe

pen
dr Stift

desk
dr Schribtisch

ruler
s Lineal

book
s Buech

pupil
d Schüeler

satchel

dr Thek

pencil case

s Etui

pencil

dr Bleistift

pencil sharpener

dr Spitzer

rubber

s Radiergummi

drawing pad

dr Zeicheblock

drawing

d Zeichnig

paintbrush

dr Pinsel

paint box

dr Malchaschte

scissors

d Schär

glue

dr Liim

exercise book

s Üebigsheft

homework

d Huusufgabe

number

d Zahl

add

addiere

subtract

subtrahiere

multiply

multipliziere

calculate

rächne

letter

dr Buechstabe

alphabet

s Alphabet

word

s Wort

text
dr Text

read
läse

chalk
d Kriide

lesson
d Lektion

register
s Klassäbuech

examination
d Prüefig

certificate
s Zügnis

school uniform
d Schueluniform

education
d Usbildig

encyclopedia
d Enzyklopädie

university
d Universität

microscope
s Mikroskop

map
d Charte

waste-paper basket
dr Papierchorb

hotel
s Hotel

hostel
d Härbärg

ROOMS

currency exchange office
d Wächselstube

EXCHANGE

suitcase
dr Koffer

car
s Auto

language

d Sprach

yes / no

jo / nei

Okay

okay

hello

Hallo

translator

dr Dolmetscher

Thank you

Dankä

how much is...?

Was chostet...?

I don´t get it

Ich vrstahs nöd

problem

s Problem

Good evening!

Guete Abig!

Good morning!

guete Morgä!

Good night!

guete Abig!

goodbye

Uf Wiederseh

direction

d Richtig

luggage

s Bagaasch

bag

d Täsche

backpack

dr Rucksack

guest

dr Gast

room

dr Ruum

sleeping bag

dr Schlafsack

tent

s Zält

travel - d Reis

tourist information

d Touristeninformation

beach

dr Strand

credit card

d Kreditkarte

breakfast

s Zmorge

lunch

s Zmittag

dinner

s Znacht

Ticket

s Billet

elevator

dr Ufzug

stamp

d Briefmarke

border

d Gränze

customs

dr Zoll

embassy

d Botschaft

visa

s Visum

passport

dr Pass

airplane
s Flugzüg

ship
s Schiff

fire truck
s Füürwehr

bus
dr Bus

truck
dr Lastwage

motorboat
s Motorboot

bike
s Velo

car
s Auto

ferry

d Fähri

boat

s Boot

motorbike

s Töff

police car

s Polizeiauto

racing car

s Rännauto

rental car

dr Mietwage

car sharing

s Carsharing

tow truck

dr Abschleppwage

garbage truck

dr Chübelwage

engine

dr Motor

fuel

s Benzin

fuel station

d Tankstell

traffic sign

s Verkehrsschild

traffic

dr Verchehr

traffic jam

dr Stau

parking lot

dr Parkplatz

train station

dr Bahnhof

tracks

d Schiene

train

dr Zug

tram

d Strassebahn

wagon

dr Wagon

helicopter

dr Helikopter

airport

dr Flughafe

tower

dr Tower

passenger

dr Passagier

container

dr Container

carton

dr Karton

cart

dr Chare

basket

dr Korb

take off / land

starte / lande

city

d Stadt

village

s Dorf

city center

s Stadtzentrum

house

s Huus

movie theater
s Kino

advert
d Werbig

street light
d Latärne

CINEMA

street
d Strass

taxi
s Taxi

pedestrian
dr Fuessgänger

snack shop
dr Kiosk

sidewalk
s Trottoir

zebra crossing
dr Zebrastreife

dumpster
dr Chübel

crossing
d Chrüzig

traffic lights
d Amplä

hut

d Hütte

apartment

d Wohnig

train station

dr Bahnhof

city hall

s Gmeindshuus

museum

s Museum

school

d Schuel

university

d Universität

bank

d Bank

hospital

s Spital

hotel

s Hotel

pharmacy

d Apotheke

office

s Büro

book shop

s Buechgschäft

shop

s Gschäft

flower shop

dr Bluemelade

supermarket

dr Läbensmittellade

market

dr Märt

department store

s Chaufhuus

fishmonger's shop

dr Fischhändler

mall

s Iihkaufszentrum

harbor

dr Hafe

park

dr Park

bench

d Bank

bridge

d Brugg

stairs

d Stäge

subway

d U-Bahn

tunnel

dr Tunnell

bus stop

d Bushaltestell

bar

d Bar

restaurant

s Restaurant

postbox

dr Briefchastä

street sign

s Strasseschild

parking meter

d Parkuhr

zoo

dr Zolli

swimming pool

d Badi

mosque

d Moschee

farm

dr Buurehof

pollution

d Umwältvrschmutzig

cemetery

dr Fridhof

church

d Chile

playground

dr Spielplatz

temple

dr Tämpel

landscape
d Landschaft

leaf
s Blatt

signpost
dr Wägwiiser

path
dr Wäg

meadow
d Wise

stone
dr Stei

tree
dr Baum

hiker
dr Wanderer

river
dr Fluss

grass
s Gras

flower
d Bluamä

valley

s Tal

hill

dr Bärg

lake

dr See

forest

dr Wald

desert

d Wüeschti

volcano

dr Vulkan

castle

s Schloss

rainbow

dr Rägeboge

mushroom

dr Pilz

palm tree

d Palme

mosquito

dr Moskito

fly

d Fliege

ant

d Ameise

bee

s Biendli

spider

d Spinne

landscape - d Landschaft

beetle

dr Chäfer

frog

dr Frosch

squirrel

s Eichhörnli

hedgehog

dr Igel

hare

dr Haas

owl

d Üle

bird

d Vogu

swan

dr Schwan

boar

s Wildschwein

deer

dr Hirsch

moose

dr Elch

dam

dr Damm

wind turbine

d Windturbine

solar panel

dr Sunnekollektor

climate

s Klima

landscape - d Landschaft

waiter
dr Chällner

menu
d Spiischartä

chair
dr Stuehl

soup
d Suppä

pizza
d Pizza

cutlery
s Bsteck

tablecloth
d Tischdecki

starter
d Vorspiies

main course
s Hauptgricht

dessert
s Dessert

drinks
s Getränk

food
d Läbensmittel

bottle
d Fläsche

fast food

s Fast Food

street food

s Street Food

teapot

d Teechanne

sugar bowl

d Zuckerdosä

portion

d Portion

espresso machine

d Espressomaschine

high chair

dr Hochstuehl

bill

d Rächnig

tray

s Tablett

knife

s Mässer

fork

d Gable

spoon

dr Löffel

teaspoon

dr Teelöffel

serviette

d Serviette

glass

s Glas

restaurant - s Restaurant

plate

dr Täller

soup plate

dr Suppetällär

saucer

d Untertasse

sauce

d Sose

salt shaker

dr Salzstreuer

pepper mill

d Pfäffermühli

vinegar

dr Essig

oil

s Öl

spices

d Gwürz

ketchup

ds Ketchup

mustard

dr Sänf

mayonnaise

d Mayonnaise

special offer
s Ahgebot

customer
dr Chund

dairy products
d Milchprodukt

fruit
d Frücht

shopping cart
dr lichaufswage

butcher's shop
dr Schlachter

bakery
dr Beck

weigh
wiege

vegetables
s Gmües

meat
s Fleisch

frozen food
d Tiefkühlprodukt

cold cuts

dr Ufschnitt

canned food

d Konsärve

detergent

s Wöschmittel

candy

d Süessigkeite

household products

d Huushaltartikel

cleaning products

s Putzmittel

sales representative

d Verchäuferin

cash register

d Kassä

cashier

dr Kassierer

shopping list

d Ihchaufsliste

opening hours

d Öffnigszite

wallet

s Portemonnaie

credit card

d Kreditkarte

bag

d Täsche

plastic bag

dr Plastiksack

drinks
s Getränk

water
s Wasser

juice
dr Saft

milk
d Milch

coke
d Cola

wine
dr Wii

beer
s Bier

alcohol
dr Alkohol

cocoa
s Ovi

tea
dr Tee

coffee
dr Kafi

espresso
dr Espresso

cappuccino
dr Cappuccino

banana

d Banane

apple

dr Öpfel

orange

d Orange

melon

d Melone

lemon

d Zitrone

carrot

s Rüebli

garlic

dr chnoobli

bamboo

dr Bambus

onion

d Zwiblä

mushroom

dr Pilz

nuts

d Nüss

noodles

d Nudle

spaghetti

d Spaghetti

rice

dr Riis

salad

dr Salat

fries

d Pommfrit

fried potatoes

d Bratherdöpfel

pizza

d Pizza

hamburger

dr Hamburgär

sandwich

s Sandwich

escalope

s Gotlett

ham

dr Schinkä

salami

d Salami

sausage

s Würschtli

chicken

s Huehn

roast

dr Bratä

fish

dr Fisch

porridge oats

d Haferflocke

muesli

s Müesli

cornflakes

d Cornflakes

flour

s Mähl

croissant

s Gipfeli

bread roll

s Brötli

bread

s Brot

toast

dr Toscht

cookies

s Guetzli

butter

d Butter

curd

dr Quark

cake

dr Chueche

egg

s Ei

fried egg

s Spiegelei

cheese

dr Chäs

ice cream

d Glace

sugar

dr Zucker

honey

dr Honig

jelly

d Gonfi

nougat cream

d Nougat-Creme

curry

s Curry

farm house
s Buurehuus

straw bale
dr Strohballä

barn
d Schüür

field
s Fäld

horse
s Pferd

trailer
dr Ahänger

foal
s Fohle

tractor
dr Traktor

donkey
dr Esel

sheep
s Schaaf

lamb
s Lamm

goat

d Geiss

cow

d Chueh

calf

s Chalb

pig

d Sau

piglet

s Ferkel

bull

s Rind

goose

d Gans

duck

d Änte

chick

s Küke

hen

s Huähn

cockerel

dr Güggel

rat

d Ratte

cat

d Chatz

mouse

d Muus

ox

dr Ochse

dog

dr Hund

dog house

d Hundehütte

garden hose

dr Garteschluuch

watering can

d Giesschanne

scythe

d Sägese

plow

dr Pflueg

sickle

d Sichel

hoe

d Hacke

pitchfork

d Heugable

axe

d Axt

pushcart

d Garette

trough

dr Trog

milk can

d Milchchanne

sack

dr Sack

fence

dr Haag

stable

dr Gadä

greenhouse

s Gwächshuus

soil

dr Bode

seed

dr Soome

fertilizer

dr Dünger

combine harvester

dr Mähdrescher

harvest

ärnte

harvest

d Ärnte

yams

d Yamswurzle

wheat

dr Weize

soya

s Soja

potato

dr Härdöpfel

corn

dr Mais

rapeseed

dr Raps

fruit tree

dr Obstbaum

manioc

dr Maniok

grain

s Getreide

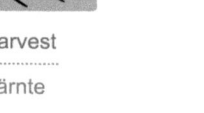

chimney
s Chämi

roof
s Dach

downspout
d Rägerinne

window
s Fänschter

garage
d Garage

doorbell
d Lüüti

door
d Tür

trash can
d Mülltonne

mailbox
dr Briefchaschte

garden
dr Gartä

living room
s Stubä

bathroom
s Badzimmer

kitchen
d Chuchi

bedroom
s Schlofzimmer

kids room
s Chinderzimmer

dining room
s Ässzimmer

floor

dr Bodä

wall

d Wand

ceiling

d Decki

cellar

dr Chäller

sauna

d Sauna

balcony

dr Balkon

terrace

d Terasse

pool

s Pool

lawn mower

dr Rasemäier

sheet

dr Bettbezug

bedspread

d Bettdecki

bed

s Bett

broom

dr Bäse

bucket

dr Chübel

switch

dr Schalter

wallpaper
d Tapete

picture
s Bild

lamp
d Lampä

shelf
s Regal

cabinet
dr Schrank

television
dr Färnseh

fireplace
dr Kamin

flower
d Bluamä

cushion
s Chüssi

sofa
s Sofa

vase
d Vasä

remote control
d Färnbedienig

carpet
dr Teppich

drape
dr Vorhang

table
dr Tisch

chair
dr Stuehl

rocking chair
dr Schaukelstuehl

armchair
dr Sässel

book

s Buech

blanket

d Decki

decoration

d Dekoration

firewood

s Füürholz

film

dr Film

stereo system

d Stereoahlag

key

dr Schlüssel

newspaper

d Ziitig

painting

s Bild

poster

s Poster

radio

s Radio

notebook

dr Notizblock

vacuum cleaner

dr Staubsuuger

cactus

dr Kaktus

candle

d Chärze

fridge
dr Chüelschrank

microwave oven
d Mikrowällä

kitchen scales
d Chuchiwaag

toaster
dr Toaster

laundry detergent
s Wöschmittel

freezer
s Gfrierfach

stove
dr Ofä

trash can
d Mülltonne

dishwasher
dr Gschirrspüeler

cooker

dr Härd

pot

dr Topf

cast-iron pot

dr lisetopf

wok / kadai

dr Wok / Kadai

pan

d Pfanne

kettle

dr Wasserchocher

steamer

dr Dampfer

baking tray

s Bachbläch

crockery

s Gschirr

mug

dr Bächer

bowl

d Schale

chopsticks

d Stäbli

ladle

d Suppechellä

spatula

dr Pfannewänder

whisk

dr Schneebäse

strainer

s Sieb

sieve

s Sieb

grater

d Raffle

mortar

dr Mörser

barbecue

dr Grill

fireplace

d Füürstell

chopping board

s Schniidbrätt

rolling pin

s Nudelholz

corkscrew

dr Korkäzieher

can

d Dosä

can opener

dr Dosäöffner

oven cloth

dr Topflappä

sink

s Wöschbecki

brush

d Bürste

sponge

dr Schwumm

blender

dr Mixer

deep freezer

dr Gfrierschrank

baby bottle

s Babyfläschli

tap

dr Hahnä

heating
d Heizig

shower
d Duschi

towel
s Handtuech

shower curtain
dr Duschvorhang

bubble bath
s Schumbad

bathtub
d Badwanne

glass
s Glas

washing machine
d Wöschmaschine

tap
dr Hahnä

tiles
d Fliesä

potty
s Töpfli

sink
s Wöschbecki

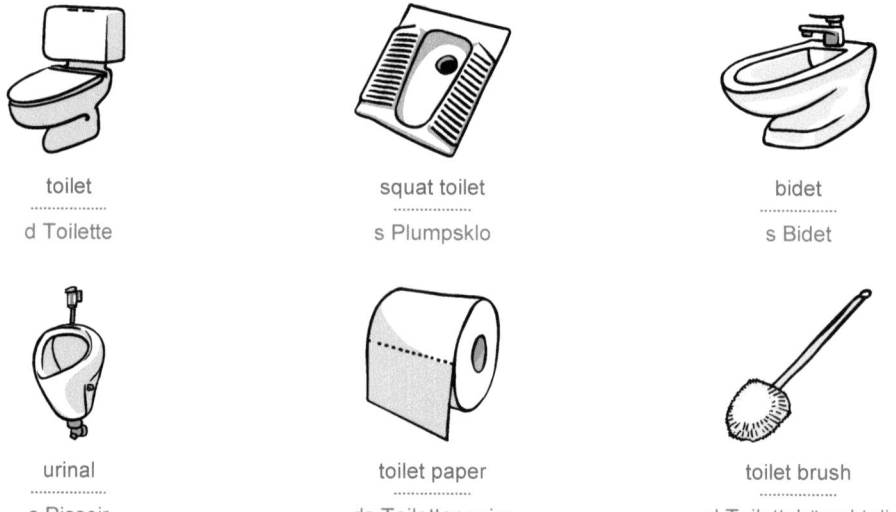

toilet	squat toilet	bidet
d Toilette	s Plumpsklo	s Bidet
urinal	toilet paper	toilet brush
s Pissoir	ds Toilettepapier	d Toilettebürschteli

toothbrush

d Zahbürstä

toothpaste

d Zahpasta

dental floss

d Zahnsiide

wash

wäsche

hand shower

d Handduschi

douche

d Intiimduschi

basin

s Wöschbecki

back brush

d Ruggäbürste

soap

d Seifä

shower gel

s Duschgel

shampoo

s Shampoo

flannel

dr Waschlappä

drain

dr Abfluss

creme

d Creme

deodorant

s Deo

bathroom - s Badzimmer

mirror

dr Spiegel

hand mirror

dr Handspiegel

razor

dr Rasierer

shaving foam

dr Rasierschuum

aftershave

s Aftershave

comb

dr Schträäl

brush

d Bürstä

hair-dryer

dr Föhn

hairspray

s Hoorspray

makeup

s Makeup

lipstick

dr Lippestift

nail varnish

dr Nagellack

cotton wool

d Wattä

nail scissors

d Nagelscher

perfume

s Parfum

bathroom - s Badzimmer

washbag

s Necessaire

stool

dr Schemel

weighing scales

d Waag

bathrobe

dr Badmantel

rubber gloves

dr Gummihändscheh

tampon

s Tampon

sanitary towel

d Damebinde

chemical toilet

d chemischi Toilette

alarm clock
dr Wecker

cuddly toy
s Kuscheltier

toy car
s Spielzügauto

rattle
d Rassle

doll's house
s Puppehuus

present
s Gschänk

balloon
dr Ballon

bed
s Bett

stroller
dr Chinderwage

deck of cards
s Chartespiel

jigsaw
s Puzzle

comic
dr Comic

lego bricks

d Legos

toy blocks

d Baustei

action figure

d Action Figur

romper suit

s Strampli

frisbee

s Frisbee

mobile

s Mobile

board game

s Brättspiel

dice

dr Würfäl

model train set

d Modellisebahn

pacifier

dr Nuggi

party

d Party

picture book

s Bilderbuch

ball

dr Ball

doll

d Puppä

play

spiele

sandpit

dr Sandchaschte

swing

d Gigampfi

toys

s Spielzüg

video game console

d Videospielkonsole

tricycle

s Dreirad

teddy bear

dr Teddy

wardrobe

dr Chleiderschrank

clothing
d Chleidig

socks

d Sockä

stockings

d Strümpf

tights

d Strumpfhosä

scarf
dr Schal

belt
dr Gürtel

umbrella
dr Rägeschirm

t-shirt
s T-Shirt

boots
dr Stiefel

sneakers
d Turnschueh

slippers
d Badschlappe

sandals

d Sandalä

shoes

d Schueh

rubber boots

d Gummistiefel

underwear

d Untrhosä

bra

dr BH

undershirt

s Underlibli

clothing - d Chleidig

body

dr Body

pants

d Hosä

jeans

d Jeans

skirt

dr Rock

blouse

d Bluse

shirt

s Hömli

pullover

dr Pulli

sweater

dr Kapuzepulli

blazer

dr Blazer

jacket

d Jacke

coat

dr Mantel

raincoat

dr Rägämantel

costume

s Chostüm

dress

s Chleid

wedding dress

s Hochziitskleid

suit

dr Ahzug

nightgown

s Nachthömli

pajamas

s Pyjama

sari

dr Sari

headscarf

s Chopftuäch

turban

dr Turban

burka

d Burka

kaftan

dr Kaftan

abaya

d Abaya

swimsuit

s Badchleid

trunks

d Badhose

shorts

d churzi Hosä

tracksuit

dr Trainer

apron

d Schürze

gloves

d Händsche

button

dr Chnopf

glasses

d Brüllä

bracelet

s Armband

necklace

d Chetti

ring

dr Ring

earring

dr Ohrering

cap

d Chappe

coat hanger

dr Chleiderbügel

hat

dr Huet

tie

d Grawattä

zip

dr Riissverschluss

helmet

dr Helm

braces

dr Hosäträger

school uniform

d Schueluniform

uniform

d Uniform

bib

s Lätzli

pacifier

dr Nuggi

diaper

d Windle

server
dr Server

filing cabinet
dr Akteschrank

printer
dr Drucker

monitor
dr Monitor

paper
s Papier

mouse
d Muus

desk
dr Schribtisch

folder
dr Ordner

keyboard
d Taschtatur

chair
dr Stuehl

waste-paper basket
dr Papierchorb

computer
dr Computer

coffee mug

dr Kafibächer

calculator

dr Tascherächner

internet

s Internet

laptop

dr Laptop

letter

dr Brief

message

d Nochricht

cell phone

s Mobiltelefon

network

s Netzwärk

photocopier

dr Kopierer

software

d Software

telephone

s Telefon

plug socket

d Steckdosä

fax machine

s Fax

form

s Formular

document

s Dokumänt

buy

chaufe

pay

zahle

trade

handle

money

s Gäld

USD

dollar

dr Dollar

EUR

euro

dr Euro

JPY

yen

dr Yen

RUB

rouble

dr Rubel

CHF

Swiss franc

dr Frankä

CNY

renminbi yuan

dr Renminbi Yuan

INR

rupee

d Rupie

cash point

dr Gäldautomat

currency exchange office

d Wächselstube

gold

s Gold

silver

s Silber

oil

s Öl

energy

d Energie

price

dr Preis

contract

dr Vertrag

tax

d Stüür

stock

d Aktie

work

schaffe

employee

dr Mitarbeiter

employer

dr Arbeitgeber

factory

d Fabrik

shop

s Gschäft

police officer
dr Polizischt

fireman
dr Füürwehrmaa

cook
dr Choch

doctor
dr Arzt

pilot
dr Pilot

gardener
....
dr Gärtner

carpenter
....
dr Zimmermah

seamstress
....
d Näheri

judge
....
dr Richter

chemist
....
dr Chemiker

actor
....
dr Darsteller

bus driver

dr Busfahrer

taxi driver

dr Taxifahrer

fisherman

dr Fischer

cleaning lady

d Putzfrau

roofer

dr Dachdecker

waiter

dr Chällner

hunter

dr Jäger

painter

dr Moler

baker

dr Bäcker

electrician

dr Elektriker

builder

dr Bauarbeiter

engineer

dr Ingenieur

butcher

dr Schlachter

plumber

dr Klämpner

postman

dr Pöschtler

soldier

dr Soldat

architect

dr Architekt

cashier

dr Kassierer

florist

dr Florischt

hairdresser

dr Frisör

conductor

dr Kontrolleur

mechanic

dr Mechaniker

captain

dr Kapitän

dentist

dr Zahnarzt

scientist

dr Wüsseschaftler

rabbi

dr Rabbi

imam

dr Imam

monk

dr Mönch

pastor

dr Pfarrer

hammer
dr Hammer

pliers
d Zangä

screwdriver
dr Schruubedreier

wrench
dr Schrubeschlüssel

torch
d Taschelampä

excavator
dr Bagger

toolbox
dr Werkzüügchaschte

ladder
d Leitere

saw
d Sagi

nails
d Negel

drill
dr Bohrer

repair

flicke

shovel

d Schufle

Damn!

Mischt!

dustpan

d Ascheschufle

paint can

dr Farbchübel

screws

d Schruube

musical instruments
d Musiginstrumänt

drum set
s Schlagzüüg

loud speaker
dr Luutsprächer

guitar
d Gitarre

double bass
dr Kontrabass

trumpet
d Trompetä

piano

s Klavier

violin

d Violine

bass

dr Bass

timpani

d Pauke

drums

d Trummle

keyboard

s Keyboard

saxophone

s Saxophon

flute

d Flöte

microphone

s Mikrofon

entrance
dr Igang

tiger
dr Tiger

cage
dr Chäfig

zebra
s Zebra

animal feed
s Tierfueter

panda
dr Pandabär

animals

d Tier

elephant

dr Elefant

kangaroo

s Känguru

rhino

s Nashorn

gorilla

dr Gorilla

bear

dr Bär

camel

s Kamel

ostrich

dr Struss

lion

dr Leu

monkey

dr Aff

flamingo

dr Flamingo

parrot

dr Papagei

polar bear

dr Iisbär

penguin

dr Pinguin

shark

dr Hai

peacock

dr Pfau

snake

d Schlangä

crocodile

s Krokodil

zookeeper

dr Zoowärter

seal

d Robbä

jaguar

dr Jaguar

pony

s Pony

leopard

dr Leopard

hippo

s Nilpfärd

giraffe

d Giraff

eagle

dr Adler

boar

s Wildschwein

fish

dr Fisch

turtle

d Schildkrot

walrus

s Walross

fox

dr Fuchs

gazelle

d Gazelle

American football
s American Football

cycling
s Velofahre

tennis
s Tennis

basketball
dr Basketball

swimming
s Schwümmä

ice hockey
s Iishockey

boxing
s Boxä

soccer
dr Fuessball

badminton
s Badminton

athletics
d Liechtathletik

handball
dr Handball

skiing
s Skifahre

polo
s Polo

laugh
lachä

jump
springä

hug
umarme

walk
gah

sing
singe

dream
troime

pray
bätte

kiss
küssä

write	draw	show
schribe	zeichne	zeige

push	give	take
schiebe	gäh	näh

have

händ

do

mache

be

sy

stand

stah

run

laufe

pull

zieh

throw

rüerä

fall

fallä

lie

ligge

wait

warte

carry

träge

sit

sitze

get dressed

ahzieh

sleep

schlafe

wake up

ufwache

activities - d Aktivitäte

look at

ahluege

cry

brüele

stroke

striichle

comb

bürste

talk

redä

understand

verschtah

ask

froog

listen

lose

drink

trinke

eat

ässe

tidy up

ufruume

love

liebe

cook

chochä

drive

fahre

fly

flüge

sail

segle

calculate

rächne

read

läse

learn

leerä

work

schaffe

marry

hürate

sew

näije

brush teeth

Zäh putze

kill

töte

smoke

schlootä

send

sände

grandmother
d Grossmuetter

grandfather
dr Grossvater

father
dr Vatter

mother
d Muetter

baby
s Baby

daughter
d Tochter

son
dr Sohn

guest
dr Gast

aunt
d Tante

uncle
dr Unkel

brother
dr Brüeder

sister
d Schwöschter

forehead
d Stirn

eye
ds Aug

shoulder
d Schultere

finger
dr Fingär

face
s Gsicht

chin
s Chüni

hand
d Hand

breast
d Bruscht

leg
s Bei

arm
dr Arm

baby
s Baby

man
dr Mah

woman
d Frau

girl
s Meitli

boy
dr Bueb

head
dr Chopf

back

dr Ruggä

belly

dr Buuch

navel

dr Buchnabel

toe

dr Zäche

heel

d Fersä

bone

d Knoche

hip

d Hüfte

knee

s Chnü

elbow

dr Ellbogä

nose

d Nase

buttocks

s Füdli

skin

d Hut

cheek

d Bagge

ear

s Ohr

lip

d Lippe

mouth
s Muul

tooth
dr Zah

tongue
d Zungä

brain
s Hirni

heart
s Härz

muscle
dr Muskel

lung
d Lungä

liver
d Läberä

stomach
dr Magen

kidneys
d Nierä

sex
dr Gschlächtsvrkehr

condom
s Kondom

ovum
d Eizälle

semen
dr Soome

pregnancy
d Schwangerschaft

body - dr Körpär

menstruation

d Menstruation

vagina

d Vagina

penis

dr Penis

eyebrow

d Augebrauä

hair

s Haar

neck

dr Hals

hospital
s Spital

ambulance
dr Chrankewage

wheelchair
dr Rollstuehl

fracture
dr Bruch

doctor

dr Arzt

emergency room

d Notufnahm

nurse

d Chrankeschwöschter

emergency

dr Notfall

unconscious

ohnmächtig

pain

dr Schmärz

injury

d Verletzig

bleeding

d Bluätig

heart attack

dr Härzinfarkt

stroke

dr Schlagahfall

allergy

d Allergie

cough

dr Hueschtä

fever

s Fieber

flu

d Grippe

diarrhea

dr Durchfall

headache

d Kopfschmärze

cancer

dr Kräbs

diabetes

dr Diabetes

surgeon

dr Chirurg

scalpel

s Skalpell

operation

d Operation

CT

s CT

x-ray

s Röntgä

ultrasound

s Ultraschall

face mask

d Gsichtsmaske

disease

d Krankhet

waiting room

s Wartezimmer

crutch

d Krückä

plaster

s Pflaster

bandage

dr Vrband

injection

d Injektion

stethoscope

s Stethoskop

stretcher

d Trage

clinical thermometer

s Thermometer

birth

d Geburt

overweight

s Übergwicht

hearing aid

s Hörgrät

disinfectant

s Desinfektionsmittel

infection

d Infektion

virus

s Virus

HIV / AIDS

s HIV / AIDS

medicine

d Medizin

vaccination

d Impfig

tablets

d Tablette

pill

d Pille

emergency call

dr Notruef

blood pressure monitor

s Bluetdruck-Mässgrät

ill / healthy

chrank / gsund

Help!
Hiufe!

alarm
dr Alarm

assault
dr Überfall

attack
dr Ahgriff

danger
d Gfohr

emergency exit
dr Notuusgang

Fire!
Füür!

fire extinguisher
dr Füürlöscher

accident
dr Unfall

first-aid kit
dr Ersti-Hilf-Koffer

SOS
SOS

police
d Polizei

Europe

s Europa

North America

s Nordamerika

South America

s Südamerika

Africa

s Afrika

Asia

s Asie

Australia

s Auschtralie

Atlantic

dr Atlantik

Pacific

dr Pazifik

Indian Ocean

dr Indische Ozean

Antarctic Ocean

dr Antarktische Ozean

Arctic Ocean

dr Arktische Ozean

North pole

dr Nordpol

South pole

dr Südpol

Antarctica

d Antarktis

earth

d Ärde

land

s Land

sea

s Meer

island

d Inslä

nation

d Nation

state

dr Staat

earth - d Ärde

clock face

s Ziffereblatt

hour hand

dr Stundezeiger

minute hand

dr Minutezeiger

second hand

dr Sekundezeiger

What time is it?

Wie spaht isch es?

day

dr Tag

time

d Zit

now

jetzt

digital watch

d Digitaluhr

minute

d Minute

hour

d Stunde

week

d Wuche

Monday
dr Mäntig

Wednesday
dr Mittwuch

Friday
dr Friitig

Tuesday
dr Zischtig

Saturday
dr Samschtig

Thursday
dr Dunnstig

Sunday
dr Sunntig

yesterday

geschter

today

hüt

tomorrow

morn

morning

dr Morgä

noon

dr Mittag

evening

dr Aabig

workdays

d Wärktag

weekend

s Wuchenänd

rain
dr Räge

rainbow
dr Rägeboge

snow
dr Schnee

wind
dr Wind

spring
dr Früelig

fall
dr Herbscht

summer
dr Summer

winter
dr Winter

weather forecast

d Wättervorhärsag

thermometer

s Thermometer

sunshine

dr Sunneschiin

cloud

d Wolkä

fog

d Näbel

humidity

d Fiechtigkeit

lightning

dr Blitz

thunder

dr Dunner

storm

dr Sturm

hail

d Hagel

monsoon

dr Monsun

flood

d Fluet

ice

s Iis

January

dr Januar

February

dr Februar

March

dr März

April

dr April

May

dr Mai

June

dr Juni

July

dr Juli

August

dr Auguscht

year - s Johr

September
....
dr Septämber

October
....
dr Oktober

November
....
dr Novämber

December
....
dr Dezämber

shapes
d Forme

circle
....
dr Kreis

square
....
s Quadrat

rectangle
....
s Rächteck

triangle
....
s Dreieck

sphere
....
d Chugele

cube
....
dr Würfel

white

wiss

yellow

gäl

orange

orange

pink

pink

red

rot

purple

liila

blue

blau

green

grüen

brown

bruun

gray

grau

black

schwarz

a lot / a little
viel / wenig

angry / calm
hässig / ruhig

beautiful / ugly
hübsch / hässlich

beginning / end
dr Ahfang / s Ändi

big / small
gross / chli

bright / dark
hell / dunkel

brother / sister
dr Brüeder / d Schwöschter

clean / dirty
suuber / dräckig

complete / incomplete
vollständig / unvollständig

day / night
dr Tag / d Nacht

dead / alive
tot / läbig

wide / narrow
breit / schmal

edible / inedible

ässbar / nid ässbar

evil / kind

bös / fründlich

excited / bored

uffreggt / glangwilt

fat / thin

dick / dünn

first / last

zerscht / zletscht

friend / enemy

dr Fründ / dr Find

full / empty

voll / läär

hard / soft

hart / weich

heavy / light

schwer / liecht

hunger / thirst

dr Hunger / dr Durscht

ill / healthy

chrank / gsund

illegal / legal

illegal / legal

intelligent / stupid

intelligänt / gatz

left / right

links / rächts

near / far

nöch / wiit weg

new / used

neu / bruucht

nothing / something

nüt / öpis

old / young

alt / jung

on / off

ah / uss

open / closed

offe / zue

quiet / loud

lislig / luut

rich / poor

riich / arm

right / wrong

richtig / falsch

rough / smooth

rau / glatt

sad / happy

truurig / glücklich

short / long

churz / lang

slow / fast

langsam / schnäll

wet / dry

nass / trochä

warm / cool

warm / chalt

war / peace

dr Chrieg / dr Friede

0	**1**	**2**
zero	one	two
Null	eis	zwei

3	**4**	**5**
three	four	five
drü	vier	foif

6	**7**	**8**
six	seven	eight
sächs	sibe	acht

9	**10**	**11**
nine	ten	eleven
nün	zäh	elf

12

twelve
zwölf

13

thirteen
drizäh

14

fourteen
vierzäh

15

fifteen
füfzäh

16

sixteen
sächzäh

17

seventeen
siebzäh

18

eighteen
achtzäh

19

nineteen
nünzäh

20

twenty
zwänzg

100

hundred
Hundert

1.000

thousand
Tuusig

1.000.000

million
Million

English
Änglisch

American English
Amerikanischs Änglisch

Chinese Mandarin
Chinesisch Mandarin

Hindi
Hindi

Spanish
Spanisch

French
Französisch

Arabic
Arabisch

Russian
Russisch

Portuguese
Portugiesisch

Bengali
Bengalisch

German
Dütsch

Japanese
Japanisch

I
ich

you
du

he / she / it
är / sie / es

we
mir

you
ihr

they
sie

who?
wär?

what?
was?

how?
wie?

where?
wo?

when?
wänn?

name
Name

where

wo

behind

hinder

in

in

in front of

vor

over

über

on

uf

under

under

beside

näbe

between

zwüsche

place

dr Ort